菅田 正芳

1988年 8月 6日生まれ.

マサユメ

窪田正孝 × 齋藤陽道

2016年 冬 28歳

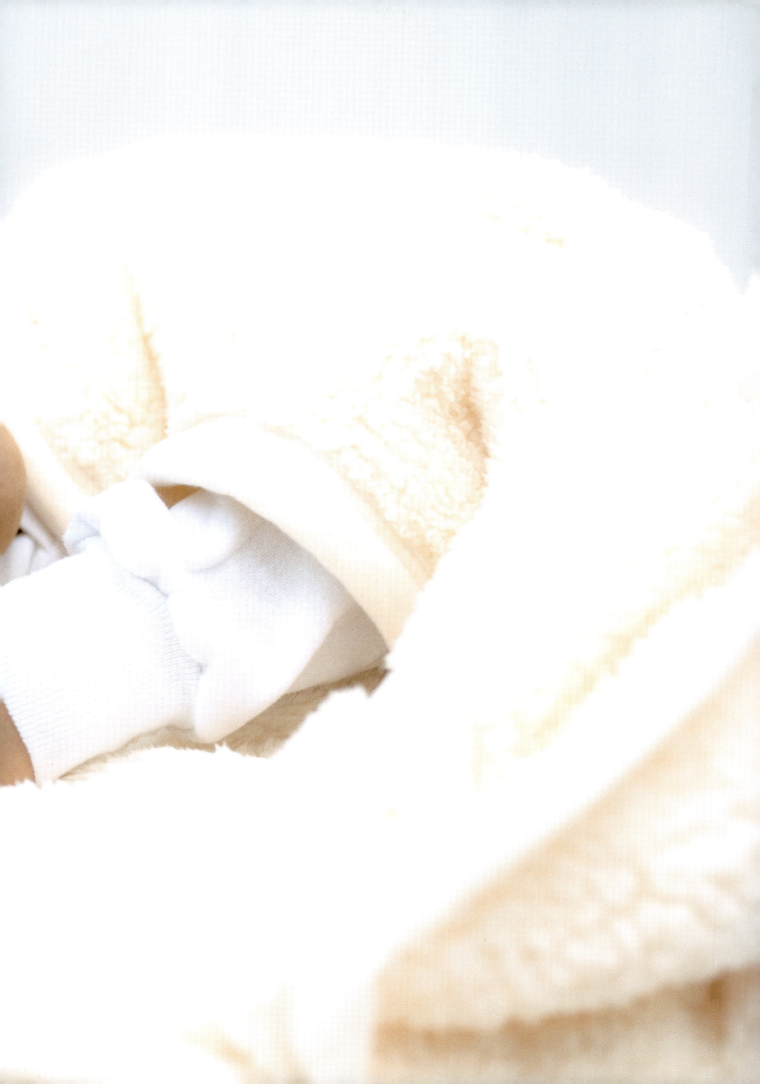

初めてのカレンダー。
気合い入りすぎて、かっこつけまくってる…w
そんなさいつをハルさんはいつも
柔らかくしてくれる。
気持ちのいい サイコーのカメラマンだ。

2017年 夏 28歳

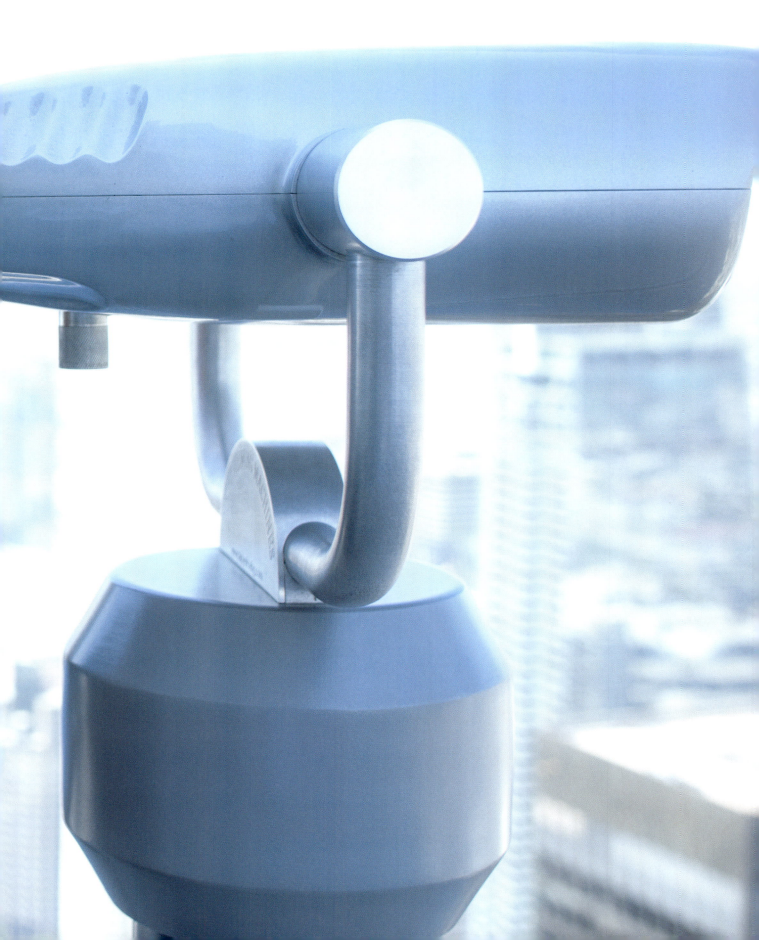

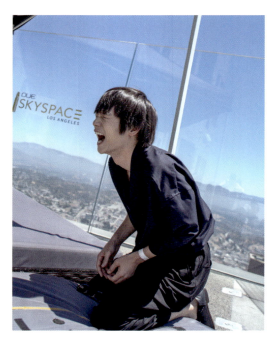

『TOKYO GHOUL』world premiere
ANIME EXPO in L.A.   Tuesday, 3 July 2017

エレベ〜タ〜

隠し撮り…

アメリカの肉でかい…
でも、足りないからスタッフさんの
肉も食べたんだ。

喰らってやろうか

マッチョなストリート系な
人、たくさんおった。
みんな Look at me!
てカンジ w

すん

I'm here!

何だか、わかる…?

前髪と汗。

おとうかつり〜

このハンバーガーうまし!

LAの朝。

イケメンハル．

人間てちっぽけ…
それでも生きてる。

飛べる気がした

かっこつけてら…

家系ラーメン食べたい。

LAのチャリティ甘すぎだよ…
うまいけど…

夏っていいよね…

人類．みな．兄弟！

がぶりんちょ

日本サイコー。

どこだよ！　知らねえよ！

いこいこ〜
下にホットドック売ってるって！

ぴ〜す！

職質された。

食べます？

you〜

新世界の....

LAええなぁ〜！

も〜にんぐ

good girl ♡

不機嫌中...

LAにもグールいた

コレ、みんなにやってほしい！

ドライブいこ〜♪

ヒッチハイクー！

実はこの時
ねむかったw
とっても。

気持ちええなぁ〜

おつかれさん！

早速、やき肉。

ハルさんも
途中すべり台やったよ
2人でテンションMAX.

ハリウッドみえたー！

ぼちぼち、帰ろっか.

サンタモニカ

バカンスはこちらです〜

see you！

thank you ハルさん！

20代のうちにアメリカ行けた。
うれしかったなぁ。ぜんぶが新鮮で刺激的。
少しだけ視野が広がった気がした。
少しだけ自分を好きになれた気がした。

2017年夏 29歳 誕生日

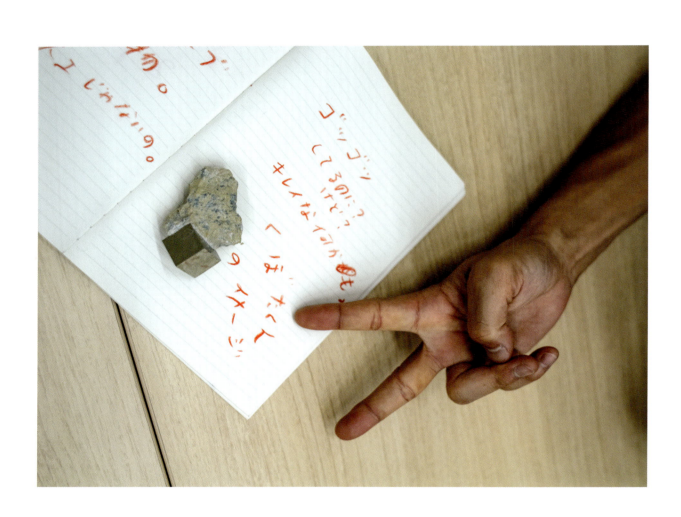

そろそろ30歳になる。
歳を重ねていろんな人たちに出会った。
再会もあった。さよならもあった。
嬉しいことと辛いことがごちゃまぜになった。
ハジけてそれが実感になった。

2018年 春 29歳

夢をみた。
白髪のヨボヨボじいさんが芝居してる。
映画かな？
たくさんスタッフいる。
じいさんみてみんな笑ってる。
芝居がおもしろいんだね。
じいさん振り返った。
じいさん俺だった。
マサユメにしたい。

マサユメ
LONG INTERVIEW

2018年8月6日。窪田正孝は30歳を迎えた。
2006年にドラマデビュー後、決して順風満帆ではなかった道のり。
焦り、葛藤、苦悩の日々をがむしゃらに過ごすなかで、変わったことと、変わらないこと。
そして30歳の窪田正孝が今、見ているユメとは——。

記号みたいだった「窪田正孝」に初めて焦点を当ててもらった作品

——まず最初に、このフォトブックを出そうと思ったきっかけを教えてください。

僕らの仕事って、ずっと変わらず応援してくれる人がいるから成り立っている。そういう人たちに、押しつける感じじゃなく、返せるかたち、届けられるものってなんだろうってマネージャーとずっと話をしていて……。そんなときにフォトブックの話をもらったんです。

これまでずっとこの仕事をやらせてもらってきたなかで、パーソナルな自分を表現したことって実はなかったんですよね。2年前からカレンダーを作らせてもらって、今年が節目の30歳。これまでと違った自分を見てもらうのもいいのかなと思いました。

あと、普段はほとんど自分の作品を見返すことがなくって。今までは、過去のことを振り返らずに目の前の仕事をどんどんやっていく感じだったのですが、10年後、今の自分を見たらどんな感覚になるんだろうということにも、興味がありました。

——カレンダー2作品、フォトブックと、すべて写真家の齋藤陽道さんとタッグを組んで撮影していますよね。窪田さんにとって齋藤さんはどのような存在でしょうか？

ありのままって言うのは簡単だけど、実際は非常に難しい。特に写真の場合、どうしても仕事という概念が抜けなくて、撮られるという意識が働いちゃうんですよね。でも、ハルさん（齋藤陽道）はありのままの自然体を撮ることに長けていて、いつもふとした一瞬を残してくれる人なんです。

ハルさんと撮影しているとそこに溶け込むみたいな感覚があって。時折、撮られていない感覚すらある。心許せる存在、お互いいい意味で干渉しないし、目線も求められない。そういうところがすごく好きで……。作られた顔ではなく、そのままを映し出してくれる方だなと僕は思っています。

——齋藤陽道さんが撮影したからこその窪田さんの姿が見られると。

俳優って番宣や舞台挨拶、取材のとき以外は、あまり自分の言葉を発することも、名前が前に出ていくこともないと思うんですよね。実際、現場にいるときは、自分の名前より、役名で呼ばれることの方が多いですし。本名ではあるけど、「窪田正孝」は記号みたいなものなんです。でもこのフォトブックでは、そこに焦点を当ててもらったなという感覚があります。

——これまでの窪田さんの俳優人生の集大成となるフォトブックになりそうですね。

デビューしたての若い頃は、何を言ったって全然意見なんて通らないし、そういうことはこの仕事では求められていないと諦めていました。モヤモヤしているものは、ないものにしてゴミ箱に捨てるみたいな。そんなところから始まった俳優人生も、気付けば10年以上経っていました。年齢を重ねて、あまり言われなくなった分、責任も出てきて、思ったことは意見として言うようになって……。段々と環境は変わってきたのかな。今回こういう機会をもらって、いろいろ振り返ってみると、ずっと自分自身は成長していないと思っていたけど、やっぱり変化ってあるんですよね。

我慢のできない、すぐ「お腹が空いた」って言うような、普通の活発な子でした

——窪田さんはどんな少年だったのでしょうか？

小さい頃は、外でドロ遊びをしたり、野球をしたり、とにかくいろいろなことに興味を持っていて、意外と達観していた気がします。上に兄貴が2人いた影響からか、保育園の頃から結構大きめな喧嘩もしていましたね。あと、我慢のできない、すぐ「お腹が空いた」って言うような、普通の活発な子でした（笑）。

——中学、高校時代は？ 幼少期と変わらず活発でしたか？

自己主張は結構する方だったと思います。好き嫌いがはっきりしているというか。学校に行って勉強をするというよりは、部活をしに行っていた感じでした。自分を出せる場所がスポーツしかなかったので、朝練して、放課後は部活して……の繰り返しで。割とちゃんと学校には行っていたのですが「なんでこんな毎日学校に行かなきゃいけないんだ！」という悶々とした思いは常に持っていました。

漠然とですが、将来は技術を身につけようと思って、高校は工業高校に行ったのですが、それでもすごく息苦しいというか、もどかしいという気持ちが強かったですね。この頃は、人生設計とか、目標を立てて物事を進めていくという考えはあまりなくって。やりたいことが出てきてもどうしていいのか分からなかったんです。

——そんな高校時代、芸能事務所に所属したということですが……。かなりの変化ですよね？

そうですね……！ 高校1年生のとき、雑誌を見た母親が今の事務所を教えてくれて、オーディションに応募したんです。最初はフィルム1本分の写真を送ってくださいと言われて、この写真（右ページ・右から2番目）を母親と一番上の兄貴と一緒に撮りに行って。そのあと、事務所に呼ばれたときに、今のマネージャーと初めて会いました。

その日は、生まれて初めてメイクというものをしてもらって、宣材写真を撮ったんです。そこで、なぜか歌の録音とかあって。なんだっけかな……当時、ドラマ「WATER BOYS」が放送されていて、それで福山雅治さんの『虹』を歌ったんですよ。で、家に帰って母親に撮られたのがこの写真（右ページ・一番右）。うざい！とか言ってちょっと喧嘩しつつ撮ったから、こんな表情です（笑）。結局、全部で3回ぐらい事務所に行って、最終的に合格の連絡が来ました。

同期のなかで自分だけが「俳優になりたい」と言わなかった

――実際、事務所に入ってからはいかがでしたか?

事務所に入ることが決まってから、初めてちゃんとマネージャーと話をしたときに「普段は何をしているの?」って聞かれて。話の流れから、当時大切にしていたチャリンコを友達に冗談で蹴っ飛ばされてブチ切れちゃった、みたいな話をしたら、すごく驚かれたのを覚えています(笑)。

それから「何がしたい?」って聞かれたのですが、いや、何したいって言われても……みたいな感じで。事務所に入ったものの、それをリアルになんて考えられていませんでした。映画はよく観ていたし、芸能界に興味はあったのかもしれないけど、自分がそっち側の人間になるなんて、普通は思わないですよね。どこか他人事というか受動的でしたね。それで、高校でダンスをやっているという話をしたら、事務所のダンスユニットの話をしてくれて、とりあえず入ったんです。

ここが仕事というものの始まりで、そこからオーディションを受け始めたんですが、全然受からなくて。同期のなかでは、すぐにドラマが決まったりする人もいて……。現場から帰ってくると、全然顔が違うんですよ。でも自分はなかなかうまくいかなくて、事務所の演劇グループに所属して、演技のレッスンをするようになったんです。それが芝居をすることになった最初のきっかけです。そのとき演劇グループの脚本を書かれていた猪俣ユキさんと出会って、その流れで『ユモレスク~逆さまの蝶~』('06)に出演することになったんですよね。この映画が、初めての現場になりました。

――窪田さんにとっての初めての現場ということで、何か印象的だったことはありますか?

カメラとかのコードがたくさんあるじゃないですか、現場って。そういうのは絶対に踏んじゃいけないとか、あの人がボタンを押して録音して、録画して、とか簡単なシステムをマネージャーにいろいろ教えてもらって……。でも、コードを踏んじゃいけないということしか覚えてない(笑)。緊張しすぎて、細かいところはほとんど覚えてないんですが、たったワンシーンの撮影だったにも関わらず、すごく面白かったんですよ。初めて会った人と、その日に芝居をする感覚がすごく新鮮でした。

――映画の現場を経験して、何か変わりましたか?

そのあと、オーディションもたくさん受けましたが、全く受からなかったですね。そんななか、所属していたダンスユニットが渋谷でのワンマンライブを行なったあと、解散することになって……。そのとき自分に残ったものが芝居しかなかったんですよね。でも、やりたいことも分からないし。同期のなかで、他の人はみんな「俳優になりたい」と言っていたみたいですけど、僕だけは「俳優」と言わなかった。そのことにはマネージャーも困惑していたみたいですね(笑)。まあ、もともと俳優をやりたかったのかな、って思いは漠然とあったんですけどね……今思えば。素直じゃなかったですね、全然。

――なぜ素直になれなかったのでしょうか?

今考えると、団体行動が苦手だったのかなっていうのは思いますね。それぞれのペースがあって「みんなでやろうよ」みたいに言われても、ちょっと逆らっていたというか。逆らっているのがかっこいいと思っていたのかもしれないですけどね(笑)。自分以外の同世代の人たちはどんどん仕事をしていたので、意固地になっていた部分もありました。

それと、高校生で事務所に入ったものの、周囲は大人たちばかり。正直、話していることが全然分からないんですよ。相手が何を話しているか分からないんだから、自分の言葉も届くわけがない。同じ立ち位置でしゃべれないからストレスが溜まって。現場でどうしたらいいか分からないけど、意地になって誰にも聞けなかったし、かなり困った人になっていましたね(笑)。

「何が何でもこの仕事だけは獲りたい!」って欲があったんです

――そんななか「チェケラッチョ!! in TOKYO」('06)では連続ドラマの主演に抜擢されました。

これまで嫌々受けていたオーディションだったのですが、一番やる気が起きたのが「チェケラッチョ!! in TOKYO」でした。映画版に出ていた市原隼人くんに憧れていたということもあったのですが、マネージャーから「これを掴めるか掴めないかはあんた次第だ」みたいなことを言われて、すごくやる気をもらった記憶があります。この作品はこれまでの芝居を見せるオーディションではなく、ラップを披露するみたいな感じで、それがすごく新鮮で。結構家でも練習しました。実家だったので「母ちゃんに聞かれたくない」って思ったりもしたんですけど、「何が何でもこの仕事だけは獲りたい!」って欲があったんですよね。家のなかで大声を出して練習していました。

――オーディションはどんな感じだったのですか?

同じタイミングで10人ぐらいいて、そのなかには所属していたダンスユニットの先輩とかもいましたね。みんな流れを掴むのがうまいなって印象があったのですが「そこに流されたら終わりだな、自分は自分でいいや」って。人と交わりたくないというか、なぞりたくないという思いが強かったので、適当にアレンジを入れて歌ったんですよ。結果的にそれが功を奏したのかもしれませんけど。1回目が歌で、2回目、3回目と続いていって、どんどん候補が減っていくんです。残ったなかには、他のオーディションでよく見かける人とかもいて。「絶対向こうに持っていかれる」なんて思っていました。

――結果的にオーディションを勝ち取りました。どんな心境だったのでしょうか?

このオーディションは負けたくないという感覚がすごくあったんです。でも正直、作品に出たいとい

マサユメ LONG INTERVIEW

うよりは、オーディションに合格したことに満足しちゃっていましたね。だから現場に行っても、場数を踏んでいて熱を持ってやっている人を斜に構えて見ていて、なんとなく鬱陶しいなって思う気持ちが強かったんです。

――初主演となった「チェケラッチョ!! in TOKYO」の現場はいかがでしたか？

右も左も分からなくて、正直「あまり芝居が面白いと思えないな」という気持ちで撮影していました。もちろん楽しい時間はあったんですが、この仕事ってなんなんだろうという疑問は常にあって。そんななか、最終回で初めて泣きの芝居のシーンがあったんです。泣き芝居っていうのがそのとき初めてだったので、「泣けるわけないじゃん！」って思っていたんですよ、ずっと。それなのに、頑張ってきたからなのかよく分からないんですけど、リハから全部泣いていて、逆に涙が止まらなくて。もう、目もめっちゃ腫れて。なんだろう、芝居している感覚じゃなかったんですよね。

そこで何かを掴んだ気がしました。泣こうとして泣くんじゃなくて、たぶん、頑張ってきたこと、培ってきたものがあれば自信を持って泣けるんだなって。

――主演もやり、自信もついて、その気持ちの変化は結果に結びつくようになっていきましたか？

それが、そんなに現実は甘くなく、またオーディションを受ける日々の始まりでした。自分的には1つ作品を全うしたという自信になったんですが、全く受からなくて。3ヶ月間何もなく、ひたすら演技レッスンとオーディションの繰り返しでしたね。

そんなときに「家族善哉」（'06）に出会いました。昼帯のドラマで撮影期間が長くて、水曜は1日、木曜は午前中だけ学校に行って、午後には1人で新幹線に乗って現場に行って、金土日月は撮影をして、火曜の夜に帰る。そんな日々を3ヶ月間ずっとひたすら繰り返していました。本当にどっぷりでしたね。

そこから、いくつか作品をやらせていただきましたが、名前のないような役も多く安定することはなくて……。仕事がなくなって、オーディションも何十回と落ち続けて、嫌な気持ちの方が強くなっていきました。それでも、「逃げたくないな」という時期もあったのですが、2年ぐらいでいよいよ「もう無理かも」と思い始めて、辞めようと思ったんです。自分が辞めても誰も困らないし、自分の人生だし、俳優という職業が合わなかったんだって言い聞かせていました。

真正面からぶつかってきてくれたから、自分も素直になれたのかなって思います

――そんな時期に受けた「ケータイ捜査官7」（'08）のオーディションではどんな気持ちでしたか？

「辞めたい」と思っていたのは、本心だったと思います。それは俳優という仕事が本当に嫌だったのか、それともやりたいと思っていても受け入れてもらえないから続けられないという思いだったか……。今となっては後者だったのかなと思うのですが、当時はそんなこと恥ずかしくて認めたくなかったので、マネージャーには「辞めたい」ということを言えませんでした。親にその話をしたときは、母親が本当に嫌な顔をしていたのを覚えてます。親父は「お前が決めたことならいいんじゃない」って言ってくれたんですけど、僕の活動を楽しみにしてくれていたところはすごくあったんですよね。だから毎回オーディションの前に親から「やる気を出して頑張ってよ」って言われていたんですけど、当時はもうオーディション＝落ちる、っていう感覚が染みついていて、受かるわけないと思っていたんですよね。そんなときに受けたオーディションだったので、もう本当に最後だと思っていました。

――まさか合格するとは思っていなかったということでしょうか？

2回目のオーディションのときに、オーディション会場のビルの前のガードレールで、三池（崇史）監督がタバコを吸っていて。何しているんだろうと思っていたら、ちょいちょいって呼ばれて、「君さあ、この役どうだった？　前オーディションでやったとき」とか聞かれたんです。そこから「普段何をしているときが楽しいか」とか「この作品は実はこうで」とか、監督の口から教えてもらえたりして。そんなことがあったから、「もしかしたら受かるかもしれない」っていうわずかな期待を抱きつつも、まだ疑う気持ちの方が強かったですね。

オーディションに合格したと聞いたときのことはすごく覚えています。ヨドバシカメラのエアコンコーナーにいるときに、マネージャーから連絡があって。「受かったよー！」って感じで合格の報告をもらったんですけど、「あ、そーっすか」みたいな中途半端な返事をしてしまったんです。嬉しかったんだけど、なんていうんだろう、反発する自分の方が強かったかもしれないですね。なんか素直に喜べなかった。そうしたら「やる気がないんだったら他にもやりたい人はたくさんいるんだから、降りてもらって構わない。降りるんだったら、今日中に連絡して」って言われて……。

そのあとすぐに、「すみませんでした。やりたいです」って連絡しました（笑）。本当はいろんな大変な思いをしても芝居が好きだったんですよ、たぶん。なんか感性に合っているんじゃないかなって勝手に思う部分もあって、現場とかでも割といいって言ってもらえることもあって。なのに、なんで自分が演じる場がないんだって、分かってもらえないんだったらもういいって……。結局は、そういう状況を認めることが恥ずかしくて素直になれなかったんですよね。正直そのときの気持ちって、俳優という仕事が首の皮一枚で繋がっている感じで、自信もなかったから辞めてしまった方が楽だなという思いだったような気がします。

そんな複雑な気持ちが入り混じっていたときに、マネージャーが真正面からぶつかってきてくれたから、自分も素直になれたのかなって思います。人と本心でしゃべることがどちらかというと苦手で、自分の領域に入ってきてほしくないと思ってしまうタイ

プなのですが、踏み込んできてくれたのは本当にありがたかったですね。

——いろんな感情を経て挑んだ長い期間の撮影でしたが、現場はいかがでしたか？

オーディションに受かってからは、いろいろなことを考える余裕がないぐらいタイトな時間でした。約1年間、始発で東京に行って、撮影して家に帰ってきて、また翌日東京へ……という繰り返し。とにかくやることが多くて、正直くすぶっている時間がもったいないと思えるぐらい夢中になっていました。

この撮影の前までは、出演作が少なかったこともあり、どうにかして「爪あとを残してやる」みたいな欲があったのですが、俳優って与えられた役を全うすることがすべてなんだなと感じるようになりました。この作品で出会った三池監督が「10年後に窪田を選んだ理由が分かる」と話してくれているのを聞いて、10年後にもしご一緒する機会がなかったら、それは「窪田はまったく変わらなかったな」というダメ出しなんだろうという、プレッシャーみたいなものは感じましたね。

——撮影を通じて、どんなことを得ましたか？

「ケータイ捜査官7」が終わったぐらいからは、この仕事を辞めてしまおうという気持ちはなくなっていたと思います。今、辞めたらもったいないかなと思うようになっていました。辞めるのはいつでもできるから、まずは課せられたものをやっていこうと。でも20歳を過ぎたこの時期でも、仕事がどんどん入ってくる感覚はなかったですね。ただ、1年間の撮影を経験したことで、現場での立ち振る舞い方も分かってきたし、少しずつ居心地が良くなってきたなという感じはしていました。

同時に、以前は「あの役は◯◯がやるべきだと思っていた」なんて、オーディションに受からなかったことを自己処理してしまっていたのですが、同期やオーディションで一緒になっていた俳優に対して、実はすごく悔しかったんだろうなって冷静に自分を

見つめ直すこともできるようになってきていたのかもしれません。本当はすごく悔しかったんです。

この時期、結構マネージャーと見え方、見せ方についての話をしました。僕の意思は尊重してくれましたが、足りない部分はしっかり指摘してくれましたね。特に足りないと言われたのは、人への興味。あまり人に興味を持てないというのは、ずっとあったんですよね。ずっと一緒にやってきたからこそ、そういう話もできるようになっていたし、それは自分にとって大きいことでしたね。

初めて自分から「やりたい」と
手を挙げた作品

——『ガチバン』シリーズ（'10〜'14）は窪田さんにとって、長く携わる作品になりましたね。

芸能界の仕組みがちょっとずつ分かってきて、やっと仕事に慣れてきたとき、初めて自分から「やりたい」と手を挙げた作品が『ガチバン』シリーズなんです。ヤンキーをやってみたかった（笑）。この作品は三池監督ではなかったのですが、「ケータイ捜査官7」チームが手掛けていて、「ケータイ捜査官7」の撮影中にスタートしたシリーズだったので、興味を持ちながら観ていたんです。

『ガチバン』シリーズをやらせてもらえたことで、犯人役などをいただくことが増えました。これは結構大きかった。「『ガチバン』観ました」って声を掛けられることも多かったです。ちょっとずつですが、作品を続けていくにつれて、いろいろなところで声を掛けていただく機会が増えてきたなという感覚はありました。何より、ここまでシリーズを続けられたのは、応援してくれるファンの皆さんがいてくれたからこそですよね。

三池監督も、『ガチバン』の元木（隆史）監督も、すごく信頼できて人情深い方なので、作品に携われたことで、いろいろな部分で救われました。最近お会いできていませんが、今でも変わらず素敵な方々だと思います。

応援してくださる方が自分にもいてくれるんだなと強く感じたのはここからでした

——「Xmasの奇蹟」（'09）も印象的なドラマでした。この作品も、かなり反響があったのではないでしょうか？

僕自身もいろいろな意味でとても印象に残っている作品ですね。結構ファンタジックなストーリーだったんですが、そういうものが初めてということもあって正解が分からないことが多かったし、それに、そんなにロケがなくて、基本的にはずっとスタジオでの撮影。物理的な部分での大変さも感じました。現場の雰囲気はとても良かったのですが、撮影って体力だけがあればいいんじゃないんだな、乗り切るやり方を身につけていかないと、ぶっ壊れそうになることもあるということを知った現場でもありましたね。

あと、年上の女性と恋愛をするという内容で、初めてラブシーンを経験した作品でもあります。共感してくださる方々が多かった作品だと思いますが、当時は世界観を作るのがとても難しくて、ファンタジーで綺麗な世界を描く作品なら、もっと合う俳優さんがいるんじゃないかなと思ったり。でもやらせてもらうからには、どうやったら自分にしかない色を出せるのか……とか、かなり悩みましたね。

今思い出しても、いろいろと辛い現場だったなと思いますが、それと同時に、応援してくださる方が自分にもいてくれるんだなと強く感じたのはここからでした。当時ブログをやっていたのですが、ブログのコメントがこの作品で増えて、いろいろな言葉を掛けてくださったことは今でも覚えているし、そういう意味でも、大きなターニングポイントになった作品だと思います。

使ったことを絶対に後悔させないような、
そんな演技をしたいという思いが強かった

——大変だった現場を乗り切って、その後の作品で何か変化はありましたか？

マサユメ LONG INTERVIEW

　この頃から、1話完結のドラマでも主人公と対峙する役で声を掛けていただけるようになってきて、毛色の違ったキャラクターを演じることも増えてきました。なかでも「ジョーカー 許されざる捜査官」（'10）は反響が大きかった気がします。ちょうどオンエア時期が、朝に「ゲゲゲの女房」（'10）をやっていて、夜に「ジョーカー 許されざる捜査官」だったんです。無差別殺人事件の加害者役だったのですが、朝ドラとの役柄のギャップが話題になっていたと聞きました。いまだに現場とかで「窪田さんって『ジョーカー』で演じた人みたいだと思っていました」って言われますね（笑）。「失礼極まりないな！」と思いつつも、よく考えると最大の褒め言葉ですよね、それって。

　連続ドラマの1話にゲスト出演することって、ある意味ですごく大きなことだと思っています。「ジョーカー 許されざる捜査官」だと堺雅人さんが主演なのですが、犯人役は主演の方と必ず敵対するわけで、一騎打ちのシーンがあるんですよね。その瞬間をどれだけ楽しめるかというのは、醍醐味でしたね。

　この時期、自分のなかでは、責任感と、人に媚びず、役で結果を残そうという意思がどんどん強くなっていった感じがありました。「また使ってください」ということではなくて、本当に作品にとって良い演技をすれば、きっと次に繋がるという思いで演じていたと思います。使ったことを絶対に後悔させないような、もしまた機会があったら呼んでもらえるような、そんな演技をしたいという思いが強かったです。

自分の小ささを感じる瞬間が多かった

——23～24歳の時期での印象的な作品はありますか？

　「QP」（'11）への出演は自分にとって大きかったですね。三池監督演出の深夜ドラマだったのですが、斎藤工さんが主演で、他にもたくさんの俳優が出演していました。このときは、他の俳優のことを気にしたり、「この役いいな」とか思ったり……。すごく自分の小ささを感じる瞬間が多かった作品ですね。

　このドラマのプロデューサーをされていたのが、植野浩之さんという方なんですが、この人がとんでもない怪物で（笑）。植野さんと出会ってから「私立バカレア高校」（'12）、「ST 警視庁科学特捜班」（'13）、「仮面ティーチャー」（'14）、「HiGH&LOW」シリーズ（'15〜'17）、『MARS〜ただ、君を愛してる〜』（'16）など、たくさんの作品で声を掛けていただきました。

　本当にどこに興味を持ってくれたのかは分かりませんが、何か植野さんのアンテナに引っかかってくれたのかな。「植野さんが見てくれているんだ」というのは俳優をやっていくうえで、確実にモチベーションになりましたね。最近一緒に仕事できていないので、いつ呼んでくれるんだろうなって思いつつ、もう新しい人見つけたのかな〜とか、正直やきもち焼いたりしていますよ（笑）。

　この時期は、同じ年の俳優がバンバン作品に出ていったりしていたので、周囲への意識や不安はゼロではなかったですし、自分に何が足りないんだろうって考えたり。でも、足りないからそこをやっていこうっていうのはもちろんなのですが、自分のいい部分も伸ばしていこうっていう考え方になったのもこの辺りからだったと思います。

この時期にいろいろなジャンルの作品に携われたことは、今の自分に繋がっている

——20代半ば、マネージャーともう1段ギアを上げて、更なる高みへという話をしていたとお聞きしました。

　マネージャーから「25歳までには一人暮らしできるようにしよう」ということは言われていました。精神的な自立という意味もあったと思います。同時に「嫌かもしれないけど、これまでとはちょっと違う、アイドル的な売り方もしていくからね」とも言われました。「最高の離婚」（'13）とか、「SUMMER NUDE」（'13）とか、『カノジョは嘘を愛しすぎてる』（'13）とかの時期ですね。当時は「もっと自分のやりたいことは、ザ映画だとか、バチバチくる芝居」みたいな思いがあって、やり方を変えることのストレスは正直ありました。今の自分なら「そんなことで何を言ってるの？」って思いますが、この頃の僕は「このやり方はあってないんじゃないのかな」となんとなく思ったりもしていましたね。

　でも、結果的に、この時期にいろいろなジャンルの作品に携われたことは、今の自分に繋がっていると思うし、年齢的にも本当にそのときにしかできなかったことを経験させてもらったと思います。何より、そのときに注目していただいた方が、現在でも応援してくれているのだと思うと、本当に大切な時期だったんだと痛感しますね。当時は、どこからどこまでが誰のおかげとかは全然分からなかったから、マネージャーに対してもいろいろ思っていましたが、本当にサポートしてもらっていたんだなって、今なら分かります。

「叩き潰されたな」と初めて感じた作品

——アイドル路線へ舵をとるなか「リミット」（'13）のようなサスペンスドラマにも挑戦しました。

　この作品で演出をしていたのが、塚原あゆ子さんという方なのですが、そのあと「Nのために」（'14）や「アンナチュラル」（'18）でもお世話になりました。ものすごく俳優に寄り添ってくれる方で、見ているところが違うという感じがして、とても好きな監督です。「リミット」では、原作にはない適当な教師の役だったのですが、このときの出会いがあって、「Nのために」で塚原さんとプロデューサーの新井順子さんが、榮倉奈々さんの相手役に抜擢してくれたそうなんです。

――「Nのために」も話題になった作品だと思います。

あとから聞いた話ですが、「榮倉さんの相手役を誰にしようか」となったときに、塚原さんと順子さんが「窪田正孝でいこう」と思ってくれたみたいなんです。ちょうど2度目の朝ドラ（「花子とアン」('14)）に出演した直後で、露出が増えていたということもあったと思いますが、2人が僕にかけてくれたことで、この作品でいろいろな世代の方から応援してもらえるようになったことはすごく大きなことだったと思います。

――最近では、「アンナチュラル」も大きな反響がありましたね。

「アンナチュラル」が終わったとき、塚原さんから「計算ができない」と言っていただいたのが、すごく嬉しかったです。でも一方で「叩き潰されたな」と感じた作品でもあるんです。初めての感覚でした。

「僕たちがやりました」('17)や『東京喰種トーキョーグール』('17)で主役をやらせていただいていたなかで、「アンナチュラル」では3番手という立ち位置でした。番手がどうかということではないのですが、僕の役がUDIラボのアルバイトで、実際の法医学の現場では蚊帳の外のような立場だったので、共演者の方々が芝居のディスカッションをしていても立場的に入れなくて……。みんなは朝からの撮影で疲れているのに、自分は午後からの出番で申し訳ないとか、本当に勝手な被害妄想なのですが、もどかしさとか疎外感に襲われていました。しかも演じたら演じたで「そういう感じじゃないんだよね」って言われたり……。今まで自分なりに培ってきたものが「この現場では全然通用しないかも」って、どうしたらいいのか分からなくなっていました。

前から知ってくれている愛情のあるスタッフの方々が「新しい窪田を見せたい」と言ってくれるのはすごく嬉しかったのですが、それになかなか答えられない自分がいて、ストレスを感じたり。でも、そんな気持ちとは裏腹に、マネージャーを含め、周囲からは「すごく良い作品だし、愛情を持って撮ってもらっているね」と言われるから、余計にジレンマというか……。脚本家の野木（亜紀子）さんに「（井浦）新さんがうらやましすぎます！」って話をしたぐらい（笑）。

なので、撮影が終わった瞬間は、いろいろな感情が入り乱れていましたね。こういう感覚は初めてだし、そういう意味ではまだまだ俳優として学んでいかなくてはいけないことがあるんだなと痛感させられた作品になりました。

自分がやってきたことに間違いはなかったのかなと思えた

――作品を重ねることによって、周囲の反響は変わっていったと思いますが、窪田さん自身の変化というものはあったのでしょうか？

若い頃は、自分の気持ちを出すことがかっこ悪いと思っていたんです。「どうせ響かないし」という諦めもあった。でもここ3〜4年前ぐらいから、少しずつ自分の意見を相手に伝えようという気持ちになっていったんです。大きなきっかけとなったのは「デスノート」('15)のときぐらいですね。

ちょうどこの時期、1年でドラマを7本ぐらいやっていたんです。もちろん自分から「やりたいです」と言ったことなのですが、さすがにパンクしちゃいそうになってしまって……。一旦落ち着いたときにマネージャーと「休みを入れながら、バランスよく仕事をしていこう」という話をした記憶があります。自分のなかで、いいように使われて「お疲れさん」と言われる、消費されるだけのような存在になるのは絶対に嫌だったんです。

――実際に「デスノート」を経て得られたのはどんなことですか？

『ヒーローマニア-生活-』('16)が先に決まっていたところにいただいたお話でしたが、「体力的にしんどいけど、頑張ろう！」と出演を決めた作品なんです。しかも、（藤原）竜也さんがやられていた前作へのリスペクトは大きかったし、関係ないと言えば関係ないのですが、原作ものは必ず叩かれるし……。精神的にも辛かった時期でした。でも、絶対に両方の作品で結果を出したかった。「二兎追うものは一兎も得ず」って言葉がありますが、「絶対二兎とも獲ってやる」という思いは強かったです。

だから、僕が演じた夜神月の設定の部分で腑に落ちないところは、しっかり現場で話をさせてもらったんです。ある意味、初めて現場で戦った作品かもしれません。なので、そこで一緒に戦っていただいた猪股（隆一）監督と、そのあと「THE LAST COP/ラストコップ」('15〜'17)でまたご一緒させていただくことになったときは嬉しかったです。

この作品としっかり向き合ったことで、自分のなかで勝手な自信になりました。1つ乗り越えて、自分がやってきたことに間違いはなかったのかなと思えたし。同時に、しっかり話を聞いてもらえたなという印象が強かったですね。ただ単純に年齢なのかもしれませんが、なんでしょうね……。自分では大人になった感覚も、自立した感覚もないんですけどね。

――窪田さんにとって自立とは？

正直分からないですね。真っ当な社会人をやったら自立したと言えるのか、自分でちゃんとお金を稼げれば自立なのか、ご飯を食べられれば自立なのか……。本当の意味での自立って、自分で明確なビジョンを持って、立ち上げていくことなのかなとは思います。

――作品で得た自信というのは継続していくものでしょうか？

一瞬のもので、すぐに消えちゃうんです。もちろん経験に基づいたものは自分のなかに蓄積されているだろうから、通用する現場もあると思います。でもそれをずっと誇示するのって、なんかダサいじゃ

マサユメ LONG INTERVIEW

ないですか。逆に「通用しないな」と感じる作品や監督に出会えることが、幸せなんだろうなと思います。

「人への興味がない」という本質は昔からずっと変わらない

――「人への興味が足りない」と言われ続けてきた窪田さんが、現場でも積極的にコミュニケーションを取るようになってきたというのは、すごい変化ですよね。

う〜ん……でも割と最近かも、それは。人に合わせることはできるんですよ、人と交わりたくはないけれど……（笑）。正直言うと、交わらなくていいならばそれが一番。理解できない人には理解してもらわなくて別に構わないという本質は、昔からずっと変わっていないような気がします。

――取り巻く環境が変わっても本質は変わらない？

人は変わらないですよ（笑）。年齢を重ねて、変わったように見せることができるようになったのかもしれません。でも本質は変わらずに、このまま30代がきちゃったなって感じがします（笑）。今でも本当に一部の人にしか心は開けないですし、尊敬できるのも、実力があると思える人だけです。

――実力というのはどういう部分で？

例えば番宣でバラエティ番組に出させてもらったとき、作品のことを話せて、自分のこともしっかり伝えられる人ってすごくいいなと思うんです。（山田）孝之くんとかは好きなんです。人にないものを持っていますし、お芝居の実力ももちろんすごい。個性こそ最大の武器だと思っているので、文句なしに尊敬できるんです。その意味では、（藤原）竜也さんも、自分というものを貫き通しているし、すごく尊敬できる方です。「THE LAST COP／ラストコップ」でご一緒した唐沢寿明さんも、しっかりとした地位でありながら、少年のような心を持っている方。ちゃんと大人でいる部分と、子どもっぽい部分もあって。とても好きですね。

ここまで来られたのは自分1人の力じゃない

――嫉妬みたいな感情を持ったことはないのですか？

嫉妬ですか……。同じ年の俳優がどんどん活躍し始めた頃は、フツフツと感じていました。特に事務所の同期はすごく意識していたと思います。

あと、うまく言えないんですけど、人それぞれマネージャーとの向き合い方も違って、他の人と比べたりもして……。でも今は、自分もマネージャーとちゃんと話ができるようになったし、ここ数年は仕事のスタンスもやり方も認めてくれるようになったなという実感はありますね。

――以前はぶつかることも多かったのですか？

基本的に自分の考え方がアナログなので、目に見えるものしか見えていなかったんですよ。スケジュールとかいろいろ裏でやってくれているのは分かるけど、それは見えないものだし、どういう経緯でこの仕事が決まったのかとか細かい説明も基本なかったから、「現場で頑張っているのはこっちじゃん！」ってずっと言っていました（笑）。

――今の関係性はいかがでしょうか？

今はやっぱり、いろいろ勉強して……。まあ、何も思ってないって言ったら嘘ですけどね（笑）。でも最近はちょっとずつそれが変わってきたし、こちらから攻撃することも多かったですが、ちゃんと話を聞いてくれるので。だからこそ「早く芽が出たい」という思いは強かったです。

「ここまで来られたのは自分1人の力じゃない」というのは本当に思っています。ぶつかったことも何度もあるし、今でもそういうことはあります。でも仕事を取ってきてくれて、演じる場を与えてくれる。僕はその作品の役を全うして結果を出すことで、またそこから次に繋げていけるような、二人三脚の関係が理想ですよね。

だから『犬猿』（'18）の試写を観たとき、マネージャーが吉田（恵輔）監督に「この作品すごく好きです」って言っているのを聞いて「マジか！」って思いました。初めて褒められたと思う。まあ、監督に話した言葉ですけどね（笑）。

主役をやりたいのはもちろん、「面白い」と思ったものに携わっていきたい

――先ほど番手の話も出ましたが、近年は主演を務めることも多く、これまでとは見える景色が変わったと思うのですが、いかがですか？

正直、俳優の評価って実態がないような気がするんです。もちろん作品の大小や、番手など、客観的なものはあるかもしれませんが、僕自身、自分がどの位置にいるかということを意識したことがないし、エゴサーチとかもまったくしませんね。

――自身の評価は気にならないのでしょうか？

もともとは気になるタイプなのかもしれませんが、デビュー当時から、マネージャーにずっと釘を刺されていたんです（笑）。どちらかと言うと浮かれやすいタイプで、すぐ勘違いしちゃう性格なんですよ。調子に乗っていると、そのたびに鼻をへし折られる……（笑）。やっぱり主演とかやらせてもらう機会が増えると「もうちょっと自分の意見を言ってもいいんじゃない」なんてことを囁いてくれる人もいるのですが、そういうときは、余計、自制心が働くんですよね。まあ調子に乗っているところを見られるのがかっこ悪いって思っている部分もあると思います。

――出演する作品のバランスはどのように考えていますか？

そこも難しいです。やる側と観る側でズレってあると思うんです。観てくれる人がいて成立する仕事だから、それに応えたいと思う一方で、媚びたくないという思いもある。「本当に良いものだな」と心から思えるものに携わっていくというのが理想ですよね。もちろん主役をやりたいというのは本心としてありますが、規模の大小問わず「面白い」と思ったものに携わっていきたいですね。そこには人との繋がり

もあります。お世話になった人には、しっかり返していきたい。そういう感覚は持ち続けていたいです。

30代は制作サイドの視点で
いろいろやってみたい

――8月6日でいよいよ30代に突入しましたね。具体的にやってみたいことはありますか?

ビジョンとかを持って進んでいくタイプではないのですが、30代は制作サイドの視点でいろいろとやってみたいですね。これまでは『東京喰種トーキョーグール』とか、話をいただいてから原作を読んで「くそ面白れー」っていう感じだったのですが、自分からアンテナを張って、面白いものを見つけてきて提案とかできたらいいなとは漠然と思っています。でも映画監督とかはできなさそうです。基本的に分かりやすいものはあまり好きではないので、僕が撮ったら一切説明なしの、まったく理解できない作品になっちゃうかも(笑)。

あとは、思い切り短髪にしたいですね。スケジュールが入っているということもありますが、ずっと今の髪型なんで、どこかで勇気を出して1年ぐらい仕事を休んで、坊主頭にする。そんな小さな夢とかもあります(笑)。

――こういう作品に挑戦したい、みたいなものはありますか?

作品で言えば、大河ドラマをやりたいです。朝ドラももう一度やってみたいですね。そのためには段階が必要だと思うので、1つ1つしっかりと結果を残して、繋げていければと思っています。

この仕事を死ぬまでやることが今の夢

――今回、ファンの方々への感謝のために、本音を隠すことなく語っていただきましたが、窪田さんにとってファンはどんな存在でしょうか?

う〜ん、どこを見て自分のことを好きになってくれているのかなと考えることはあります。基本真面目なところですかね(笑)。いや〜、でも、そうだな……芝居であってほしいというか、発している色というのは、好いていてほしいなっていう願望はあります。自分では芝居しかしていないと思っていて、作品のなかに溶け込む感覚みたいなものは意識しているので、そこをずっと応援してくれて、好きでいてくれているのならば、すごく嬉しいですね。

――ファンに支えられているという感覚は?

求められてなんぼの仕事だと思っているので、想いを声にして発信してくれているのは本当にありがたいです。『ふがいない僕は空を見た』('12)をやったときに、「自分の体験とすごく重なるところがあって心を打たれました」という感想をいただいたんです。そのとき、なんとも言えない感覚に陥りました。映画やドラマって嘘を見せている部分もあると思うのですが、現実と嘘が混じり合って、真に届いてくれるというのは、感激しますよね。レスポンスがあるというのは、本当に励みになります。だからこそ、飽きられないようにしていかなければいけないと思っていますね。

――そんなファンの方々に感謝の気持ちを届けたいという思いで作られた『マサユメ』ですが、撮影を振り返っていかがでしょうか?

ハルさんと撮影を重ねていくうちに、段々と自然になっていきました。今見たら、1回目の撮影は結構かっこつけていたな〜とか、2回目のL.A.は知らない土地ということもあって、何もかもが新鮮で。なんだろう……何も気にすることなく解放的な気持ちで撮影できました。29歳での撮影は気張っている感覚はなく、自然体だったと思いますね、うん。

――2018年春の撮影では、雪のところでソリに乗っていましたよね。2人がすごくはしゃがれているのが印象的でした。

2人ともすごくアクティブなことが好きなんですよね、きっと。本当にハルさんは人柄がいいし、誰よりも子どもの心を持っているというか。子どもの心を持った大人が好きなのかもしれないですね。やっぱり歳を重ねると繕ってしまったり、よく見せたりってあるじゃないですか。僕もそうなんですけど。ハルさんは、そういう感覚がなくて、自分のままいる。だからと言って、意固地になったりするわけでもなくって。その感じがいいなって思うし、そういう人はやっぱり好きですね。

――窪田さんと齋藤さんの2人だからできたフォトブックなんですね。それでは最後に、『マサユメ』というタイトルに込めた思いを教えてください。

タイトルは、このフォトブックの撮影のときにハルさんと話し合って決めました。2人で案を出し合って、他にもいくつか候補があったので悩んだのですが、ハルさんも同調してくれたので、これに決まりました。

パッとするようなエピソードはないのですが、撮影現場が続くと、現場での夢を見ることが結構あって、さらにその夢で見たようなことがまた現実で起こったりするんです。それに、現場が続く夢って、実際の自分の目標でもあったりするわけで……。寝ている間に見る夢だけではなく、自分の描いている夢を現実の世界に呼び起こすことができたらいいなと思って『マサユメ』にしました。漠然とですが、現時点では、この仕事を死ぬまでやることが夢というか、目標になりつつあるので、そんなことも実現できれば"マサユメ"になるのかもしれません。

――死ぬまでこの仕事をすることが夢……。ファンの方々への最高の感謝のかたちだと思います。

よく考えると、この世界に入ってから仕事のことしか考えてなかったですね。好きなものを仕事にできているからこそ、続けられているところはやっぱりあるのかなあ。結構取材とかで、かっこつけて「もっと興味があるものに出会ったらあっさり辞めちゃうかも」みたいなことを話したことはありますが、今こうやって振り返ってみると、やっぱり俳優という仕事しかないんだなと思います。それ以外できないですからね。その意味では、俳優という仕事にしがみつくべきなんだろうなって、今は思います。

2018年夏 30歳誕生日